VENTE DU JEUDI 29 DÉCEMBRE 1904
HOTEL DROUOT, SALLE N° 8
à 2 heures 1/2

EN VERTU D'UNE ORDONNANCE DE M. LE PRÉSIDENT DU TRIBUNAL CIVIL DE LA SEINE

Du 5 Juillet 1904

ORFÈVRERIE

DE

STYLE ANTIQUE

COMMISSAIRE-PRISEUR

Mᵉ GEORGES BONNAUD, 23, rue Le Peletier

EXPERTS

M. WILLIAMSON FILS
27, rue des Boulangers

M. HENRI LEMAN
37, rue Laffitte

PARIS — 1904

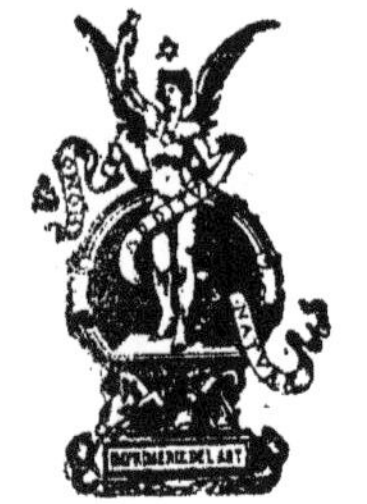
IMPRIMERIE DE L'ART

ORFÈVRERIE

DE

STYLE ANTIQUE

COUPES, VASES, RHYTONS, STATUETTES, COURONNES, BOUCLIER

CEINTURE, COLLIERS, ETC.

Dont la Vente aura lieu

En vertu d'une Ordonnance de M. le Président du Tribunal civil de la Seine, du 5 Juillet 1904

Le Jeudi 29 Décembre 1904

HOTEL DROUOT, SALLE N° 8

A 2 HEURES 1/2

COMMISSAIRE-PRISEUR

Mᵉ GEORGES BONNAUD, 23, rue Le Peletier

EXPERTS

M. WILLIAMSON Fils   **M. HENRI LEMAN**

27, rue des Boulangers   37, rue Laffitte

EXPOSITION PUBLIQUE

Le Mercredi 28 Décembre 1904, de 1 heure 1/2 à 5 heures 1/2

CONDITIONS DE LA VENTE

Elle sera faite au comptant.

Les acquéreurs paieront *dix pour cent* en sus des prix d'adjudication.

L'exposition mettant le public à même de se rendre compte de l'état et de la nature des objets, il ne sera admis aucune réclamation, une fois l'adjudication prononcée.

Paris. — Imp. de l'Art, E. Moreau et Cie, 41, rue de la Victoire.

AVANT-PROPOS

La Collection qui fait l'objet du présent Catalogue et qui sera vendue à l'Hôtel Drouot, le 30 du courant, par le ministère de Me Bonnaud, a été rapportée d'Italie vers le milieu du XIXe siècle par un archéologue distingué, auteur d'un ouvrage remarquable sur les poteries antiques. Après sa mort, qui suivit d'assez près son retour en France, les ayants droit de la succession, héritiers en même temps de sa foi profonde dans l'authenticité de ladite collection, se mirent en rapport avec des intermédiaires qui en paraissaient également convaincus, et la promenèrent à leurs frais dans tous les grands Musées d'Europe, lesquels d'ailleurs ne répondirent que par le doute et la froideur à toutes les avances.

Devant l'avis si nettement exprimé des hommes les plus compétents en la matière, il fallut bien s'incliner et reconnaître qu'on n'avait pas découvert un trésor capable de rivaliser avec celui de Boscoreale au Louvre, et avec celui de Bernay à la Bibliothèque Nationale.

On voulut alors se rabattre sur l'hypothèse de créations de la Renaissance Italienne, exécutées comme par une sorte d'inspiration d'après les pièces antiques dont les exemplaires fourmillaient en Italie, même bien avant la découverte de Pompéi et d'Herculanum. Il est incontestable que cette opinion pouvait s'étayer de quelques arguments : la recherche des modèles, dont aucun n'est une copie, le soin de la fabrication souvent obtenu par des fontes à cire perdue et par des repoussés savants ; enfin le mérite de certaines ciselures, dignes du burin d'un artiste florentin.

Nous estimons quant à nous que la deuxième hypothèse ne peut pas plus se soutenir que la première en raison précisément du mélange de styles qu'on relève souvent même dans une seule pièce.

Quoiqu'il en soit, les pièces de ce trésor forment un ensemble peu banal. Outre leur valeur intrinsèque, elles offrent le mérite de l'originalité et de la belle exécution. Si elles ne justifient pas les nobles origines dont elles se réclamèrent jadis, si elles n'ont connu ni la Grèce, ni l'Italie dans l'antiquité ou à l'époque de la Renaissance, elles n'en constituent pas moins des objets d'art intéressants qui ont été fabriqués à grands frais et qui ne dépareraient aucune vitrine.

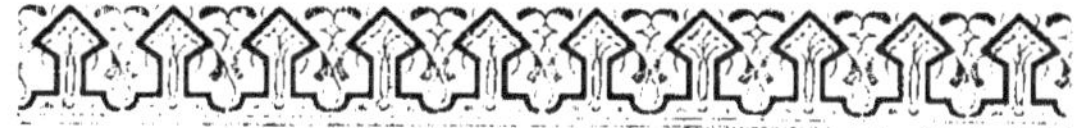

DÉSIGNATION

1 — Coupe circulaire et profonde, en argent fondu
et ciselé, à deux anses, montée sur piédouche.
Les anses sont formées par deux figures de Pan
entées dans des feuilles d'acanthe. Le fond de la
coupe est orné d'un masque de Pan en haut relief.

Diam., 31 cent.; larg., 13 cent.

2 — Prochous en argent, à anse plate, ornée de
mascarons. La panse est gravée de canards, de
feuillages et d'ornements. Incrustations d'or.

Haut., 15 cent.

3 — Rhyton en argent fondu et ciselé, en forme de
tête de chevreuil. Les yeux sont plaqués d'une
feuille d'or gravé. A la partie supérieure, un
bas-relief représente un combat de deux guerriers armés de lances et de boucliers. Anse
cannelée.

Haut., 19 cent.

4 — Corne en argent, terminée par un buste de
Sirène, dont la queue s'enroule en spirale au-
tour du vase. A l'extrémité opposée, trois dau-
phins en bas-relief. Anse en forme d'anneau.

Haut., 28 cent.

5 — Support. La base rectangulaire, ornée d'incrustations d'or, repose sur quatre pieds de bouc. Sur ce socle, à droite, est une figure de femme drapée, *Alcmène*, tournée vers la gauche, les bras étendus. A gauche, est une tige simulant un arbre, à laquelle est suspendue une lampe en forme de nacelle, contenant une statuette d'Hercule étouffant les serpents.

Haut., 37 cent.; long., 20 cent.

6 — Aiguière de forme ovoïde. Le goulot et l'anse sont formés par une tête et des ailes d'aigle. La panse est décorée d'une guirlande de feuilles et de fruits incrustée d'or, et de fines cannelures.

Haut., 25 cent.

7 — Lampe, en forme de couronne, supportée par trois pattes de lion. Elle est munie de trois becs ornés de têtes de lion et de mascarons finement ciselés. L'anse est surélevée et représente un cheval marin. Un rat est posé sur le bord supérieur.

Haut., 16 cent.; long., 15 cent.

8 — Coupe sur piédouche, à deux anses. La coupe godronnée est ornée au fond d'un médaillon circulaire à personnages mythologiques. Le bord est perlé et les deux anses sont formées par des serpents enlacés.

Haut., 65 cent.; diam., 13 cent.

ARGENTERIE DE STYLE ANTIQUE

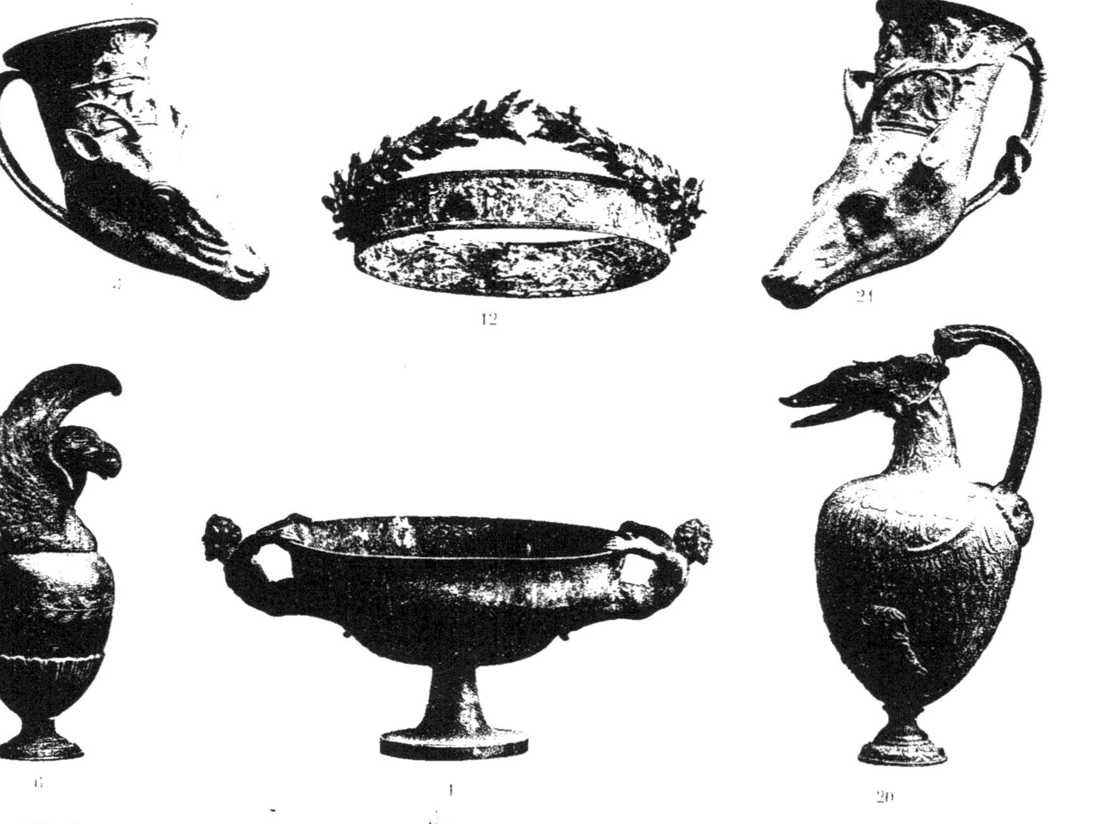

5

12

21

6

1

20

9 — Groupe en argent fondu et ciselé, représentant un Amour conduisant un char attelé de
deux chevaux. L'Amour est debout, ailé, tenant
les guides. Le char est décoré de bas-reliefs, de
mascarons et d'ornements. Les roues, à huit
rayons, sont incrustées d'or. Le timon est terminé par une tête d'animal. Une partie de la
bride des chevaux est en or. Socle rectangulaire
à pans coupés, orné d'une frise et de palmettes
gravées.

Haut., 135 millim.; long., 175 millim.; larg., 10 cent.

10 — Trépied rond, formé de trois figurines engai-
nées d'enfants portant des fruits, et séparées
par des doubles guirlandes de fleurs. Les pieds,
à griffes de lion, sont posés sur des boules.

Haut., 10 cent.

11 — Petite coupe creuse en argent, à large rebord.
Le fond est orné de godrons et la bordure de
larges feuilles d'eau. Cette pièce peut compléter
le trépied n° 10.

Diam., 85 cent.

12 — Diadème en argent repoussé et en or, formé
d'un large bandeau plat bordé, d'une double
frise de rosaces et orné de petits bas-reliefs en
or, représentant des Amours portant des attri-
buts divers, et de deux rinceaux repoussés. Au-
dessus, est une couronne formée de feuilles de
chêne en argent découpé et repoussé, et de
glands en argent et en partie dorés.

Diam., 22 cent.

13 — Couronne, formée de feuilles de chêne, en argent ciselé et découpé, et de glands en terre cuite dorée. Une rosace perlée et ornée de palmettes est placée à la partie centrale. (Incomplète.)

14 — Petit vase, de forme évasée, en albâtre oriental rubanné, orné d'une monture en argent ciselé, à deux anses formées de cordelettes enlacées.

Haut., 66 cent.

15 — Trépied. La coupe creuse supérieure est supportée par trois tiges feuillagées, reposant sur des griffons ailés. Les pieds sont formés par des pattes d'animal, ornées chacune d'un masque de lion et réunis par des rinceaux. Sur le socle, au centre, un serpent est enroulé sur une tige.

Haut., 22 cent.

16 — Trépied. analogue au précédent.

17 — Canthare en argent fondu et ciselé, décoré en très haut relief de sujets bacchiques à nombreux personnages. Les anses, plates, sont ornées de pampres et terminées à l'orifice du vase par des chénisques et à la base par des mascarons.

Haut., 18 cent.

18 — Candélabre. La base, carrée, à pans coupés, est ornée d'une grecque et supporte (une statuette de Marsyas attaché à un tronc d'arbre. A ses pieds, une coupe à deux anses. Au sommet de la tige, un disque plat bordé d'un perlé.

Haut., 21 cent.

19 — Lampe, de forme circulaire, à bec allongé terminé par une coquille. La partie inférieure est ornée de feuilles d'acanthe, et l'anse, formée d'un anneau, est surmontée d'une large palmette.

Long., 12 cent.

20 — Aiguière en argent. La panse, de forme ovoïde, est entièrement recouverte de plumes repoussées et gravées, et simule le corps d'un canard dont la tête forme le goulot du vase. Anse cannelée, terminée par deux mascarons. Au col, un enroulement de lierre.

Haut., 27 cent.

21 — Coupe circulaire et creuse en terre émaillée, ornée d'une monture d'argent ciselé, formée d'une guirlande de feuilles de lierre, de deux anses à serpents enlacés et d'un piédouche feuillagé.

Haut., 11 cent.; larg., 19 cent.

22 — Support, de forme circulaire. Les trois pieds terminés par des griffes de lion, sont ornés de mascarons et supportent trois figurines de termes musiciens, séparés par de larges palmettes découpées et gravées.

Haut., 17 cent.

23 — Biberon, de forme hémisphérique, en argent.
Le pourtour est orné de bas-reliefs, à personnages représentant Minerve enseignant aux
mères l'allaitement artificiel, en leur présentant
un biberon analogue.

Haut., 10 cent.; diam., 95 millim.

24 — Rhyton en argent fondu et ciselé, représentant une tête de chevreuil aux yeux plaqués
d'or. L'évasement est orné d'un sujet en bas-
relief représentant Cérès et Proserpine enseignant l'agriculture à Triptolème. L'anse est
formée par une double tige nouée à la partie
médiane.

Haut., 20 cent.

25 — Groupe en argent ciselé : Amour nu et ailé,
à cheval sur une chèvre, tenant l'arc de la main
droite, un carquois en sautoir.

Haut., 10 cent.

26 — Groupe en argent fondu et ciselé : Bacchus
enfant, couronné de pampres et tenant des
raisins ; à cheval sur un porc. Base ovale.

Haut , 10 cent.

27 — Couronne, formée de feuilles de laurier et de
feuille de vigne en argent incrusté d'or et entremêlées de fleurettes en filigrane, de pierreries
et de verroteries.

Diam., 18 cent.

ARGENTERIE DE STYLE ANTIQUE

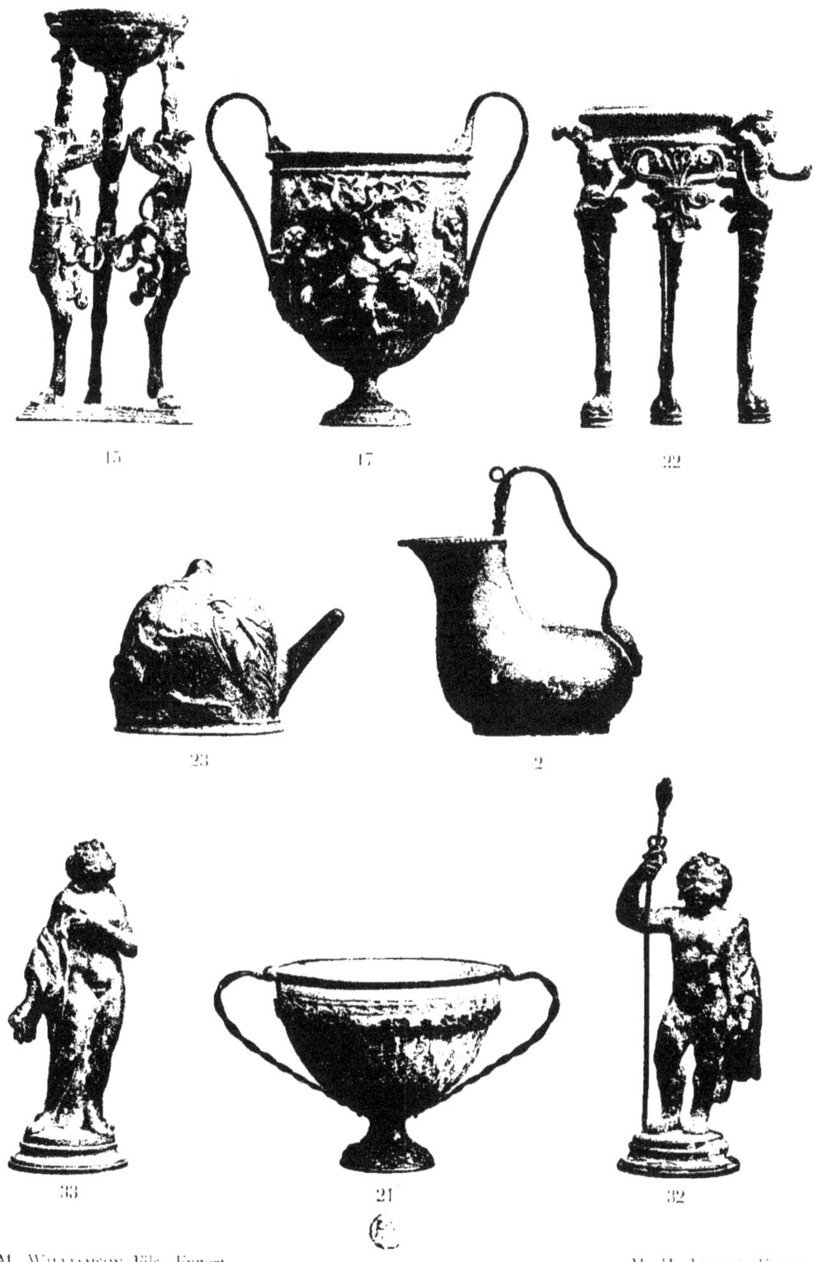

15   17   22

23   2

33   21   32

28 — Collier en argent, formé d'un chaînon plat à
mailles très fines, orné de feuilles de vigne en
argent ciselé et découpé, et de pendentifs de
grappes de raisin, et de lambrequin à mascaron
en terre cuite dorée. Le fermoir est façonné en
têtes de loup.

29 — Ceinture, formée de cinq plaques, en argent.
La plaque centrale offre un trophée guerrier,
accoté d'une tête de Minerve et d'une tête de
Mercure, en argent ciselé et découpé. Aux
angles, une large palmette repoussée. Les
autres plaques sont ornées de bas-reliefs, à personnages ciselés et découpés, représentant des
sujets guerriers et des mascarons.

Longueur totale, 94 cent.

30 — Partie de harnais de cheval, composée d'un
frontal, d'une muserolle et de deux pièces des
brides, en argent repoussé à décor de palmettes
et de rosaces ornées de verroteries. A la partie
inférieure, franges, et glands également en
argent.

31 — Bouclier ovale en argent. Il est orné d'un bas-
relief découpé et repoussé à six personnages
représentant Hector tué par Achille. La bordure est formée de palmettes repoussées et de
clous à têtes d'or. Dans le champ, trois têtes
de lions.

Haut., 49 cent.; Larg., 38 cent.

32 — Statuette en argent fondu et ciselé, représentant Bacchus enfant, debout, couronné de
lierre, la peau de léopard pendante sur l'épaule
gauche et appuyé sur un thyrse. Base circulaire
moulurée.

Haut., 21 cent.

33 — Statuette en argent fondu et ciselé, représentant une Bacchante debout et nue, couronnée
de fleurs. Une peau de tigre est posée sur son
bras droit. Base ronde et moulurée.

Haut., 18 cent.

34 — Support de forme circulaire. Les trois pieds
sont ornés de têtes de femmes de face, et se
terminent par des griffes de lion. Le pourtour
est orné de trois longues palmettes découpées
et gravées.

Haut., 105 cent.

35 — Candélabre. Les trois pieds se terminent en
figurines de griffons ailés, et supportent trois
larges palmettes ajourées sur lesquelles sont
placés trois enfants nus, adossés et se tenant
par la main. Au-dessus, trois femmes main-
tenant leurs draperies sont debout l'une contre
l'autre. La tige ronde, enlacée d'un cep de vigne,
est surmontée d'une statuette d'homme nu age-
nouillé, tenant une corbeille sur sa tête.

Haut., 55 cent.

36 — Collier en argent, formé d'un ruban plat orné
d'un mascaron et garni de feuilles d'argent découpées et de fleurettes en terre cuite dorée,
disposées en pendentifs.

37 — Couronne, formée de feuilles de laurier, en
argent ciselé, et de graines d'or.

38 — Statuette en argent fondu et ciselé. Un per-
sonnage debout, revêtu d'une armure, la tête
couverte d'un casque à cimier, tient de sa main
droite avancée un lièvre, et de sa main gauche
une flèche. Base plate rectangulaire.

Haut., 11 cent.

39 — Groupe en argent fondu et ciselé, représentant Vénus et Adonis, assis et enlacés. Au
revers, on voit un chien et un carquois et deux
colombes se becquetant. Base circulaire.

Haut., 11 cent.

40 — Lampe en argent, à deux becs formés de têtes
de femmes et séparés par un mascaron. L'anneau est surmonté d'une large palmette ornée
d'une tête de lion. Le couvercle est formé d'une
figurine de femme assise.

Long., 14 cent.

41 — Couronne en argent, formée de feuilles de
laurier incrustées d'or et entremêlées de fleurettes ornées de pierreries et de verroteries.

Diam., 19 cent.

42 — Bracelet en argent, formé de deux rubans
plats à ornements ajourés, et de trois plaquettes
rectangulaires à fleurettes et têtes de clous.

Long., 21 cent.

43 — Collier, composé d'un chaînon d'argent, avec de
grosses et petites perles de verre. L'attache est
formée de deux têtes de lévriers.

Long., 41 cent.

44 — Collier en argent, composé de dix plaquettes
rectangulaires ornées de hauts reliefs, représentant les bustes de divinités mythologiques et
d'ornements incrustés d'or. Ces plaquettes sont
reliées entre elles par des plaques ajourées.
L'une d'elles, ornée de la tête de Mercure, est
disposée en pendentif.

Long., 62 cent.

45 — Couronne, formée d'un bandeau en argent
découpé et repoussé, à décor de palmettes, et de
rosaces d'or.

Diam., 17 cent.

46 — Statuette en argent fondu et ciselé, représentant Harpocrate debout, l'index rapproché des
lèvres. Un manteau, posé sur les épaules, pend
derrière le corps. Base ronde, plate.

Haut., 10 cent.

47 — Statuette en argent fondu et ciselé. Homme
barbu, debout, drapé dans un ample manteau.

Haut., 10 cent.

18 — Groupe en argent fondu et ciselé, représentant
Romulus et Remus allaités par la Louve. Base
rectangulaire, ornée d'une frise gravée.

Haut., 11 cent.; long., 10 cent.

19 — Fibule en argent, à *Navicella*, décorée d'une
tête d'animal en relief et d'ornements gravés.
L'épingle, dont le ressort forme trois spires,
s'engage dans une longue gaine terminée par
une jolie tête de bélier.

Long., 12 cent.

50 — Strigile en argent. Le manche est orné d'une
coquille, de feuilles et d'ornements, et se ter-
mine par une tête de taureau. La queue du
manche est recourbée et s'appuie sur le dos de
l'ustensile.

Long., 22 cent.

51 — Cinq pièces en argent : deux spatules, un
crochet et deux pinces.

52 — Quatre bagues en argent, à chatons plats et
gravés.

53 — Divers fragments en argent, en or et en terre
cuite.